荼蘼万籁生

王爽 ╱ 著

亚洲文化出版社
Asian Culture Press

本书由美国 Asian Culture Press 出版

Published by Asian Culture Press

444 Alaska Avenue, Suite #AZF046,

Torrance, CA 90503, United States

Web: www.isbnagent.com

Edited by Shuang Wang

Published in the United States of America

First paperback edition April 2022

本书 2022 年 5 月在美国第一次出版

序言

　　所有的笔者想要表达的都是用自己的血泪铸就的生命，因为它鲜活，因为它有温度，在某一瞬间也会让读书的你有所感触，想要继续翻读，因为万千世界，人生轨迹不同，但故事也许异曲同工，在绚烂的年华里，也许你也跟我一样曾经在角落里哭泣，曾经为爱的人心伤，但这并不可耻，相反我觉得值得骄傲，因为你的心还活着，因为你的信念系统还相信爱，所以你才会那样无所顾忌的去爱去体会。

　　爱虽然是天生被赋予的能力，但是也要在现实生活中慢慢去磨砺去成长，有爱的能力是一件很幸福的事情，只有深切付出过，幸福过，你的心才会渴望爱和被爱，也因此才有可能感受到疼痛，但真正的爱并非是渴求一个爱自己的人，被伤害也不是因为没有得到别人的爱而失望，这些内在情感的需求是想要被爱的欲望，是索取。真正的爱是能够跟对方做到深入内心的敞开心扉的接纳和交流，是内心最深处的善意和慈悲，它容纳亲情爱情友情所有情感，但绝不委屈自己，跟随心的指引，做到有效的高效的沟通，因为爱是互相之间能量的流动，这样才能搭建起爱的桥梁。在人生的旅途中，爱是跨越不过永恒的课题，如果将爱拒之门外，只剩下空洞麻木的物质欲望，那么你的灵魂已经死了，你已经对自己宣告死亡，这是一件多么可悲的事情，我希望能够通过我个人的情感经历，对爱的理解，能够给大家更多的勇气，敞开心扉去爱身边的亲人爱人朋友，因为爱是世间最美好的存在。

首先我们要先学会爱自己，才有能力更好的爱他人，跟随内心的感受，不做违心的事，不选择不喜欢的职业和工作，跟随内心最真实的渴望，释放真我本我，这才是爱自己的表现，做自己喜欢的事一定会比你只为物质而选择的职业做得更好，更高效的得到你想要的物质，因为那是对你遵从本心的去选择去生活去践行的嘉奖，因为只有你好好爱自己时，你的内心才是真正快乐的，你的能量才是圆融的充满爱的，而不是匮乏的焦虑的。

好的能量好的频率吸引好的事物，相反也一样，当你本身拒绝倾听内在的声音，不考虑心的感受，那么你的情绪就是负面的，譬如烦躁或是忧郁等，你的能量是低频的，散发的气场自然是贫瘠的，那么你吸引的人、事、物自然也是负面的，物质的，没有爱的，那么你想要的一切都只是执念和欲望，只会在欲望中沉沦，一切都以物质为中心，越陷越深，最后绝望放弃，放弃相信爱，放弃相信美好，以为世界本就是这个样子，可实际上是你自己放弃了自己，你可能会说，大家不都是这样生活的吗，选择这样生活的人有相对更好的物质保障，可他们真的幸福吗，真的开心吗，问问自己的内心也许就有了答案，人群中这么多人，一百个人中有一个人是清醒的，九十九个人是沉睡着的，你选择看向那个清醒的人还是大多数沉睡的人，是你自己的选择。

　　精神追求和物质享受本就不是矛盾体，精神追求会带来物质的丰盛，物质丰盛是精神追求的表象，而不是终极目标，那可能又有人会说没有物质我怎么追求精神，在这个二十世纪的年代，保证温饱并不难，你觉得你的物质不足以支撑你去追求精神，是因为你的贪欲没有止境，归根结底还是欲望，欲望是没有尽头的，你永远不会感到满足，这样你就会在物质欲望中继续沉沦，是你自己关上了自救的大门，你应该知道在你有限的资源空间内完全可以慢慢调整做自己喜欢的事，因为那些事往往是自己更有天赋的方向，做起来更得心应手，更快获得成功，更能使自己真正的开心幸福，那么你可能又会说我耗费了这么多精力和成本来调整，万一失败了呢，岂不是得不偿失，而且就算成功了，也只是能让我更开心，可生活并不是只有开心就行了这么简单，没有物质保障还谈什么精神，想法太过单纯、美好。我想说，你的收获将不只是双倍的双倍的双倍回馈给你，包括你精神的充盈，包括你物质的富足，以及一切你想要的美好事物都会慢慢实现，因为你做到了身心合一，最圆满的状态，那么你就值得拥有一切的美好，你的世界原本就是由你的信念搭建而成的，简单来说就是你相信什么你的世界就会展现给你什么，当然我指的是你的潜意识要发自内心的真正的相信，想要改变自己长久以来形成的潜意识，又不形成执念（内核还是匮乏的不圆满的），并不那么简单，需要

慢慢学会调整控制自己的思想，多一些正向的
肯定，少一些负面的否定。你可能又觉得我在
胡说了，那么为何不去试试呢，实践是检验真
理的唯一标准，你的收获会远远超出你的预期，
为了自己的幸福、富足和圆满，强烈建议你去
试试吧。

　　相信自己是值得被爱的，相信自己的感情
生活是幸福美满的，相信自己能够做成自己喜
欢的职业，值得拥有一切美好，去相信美好吧，
相信美好也是一种勇气，一种绝对的智慧，我
希望通过我的每一首作品能够让大家更直接的
共情，与我一同体会爱情亲情友情的悲欢离合，
感受爱和美好，我希望能够通过我的作品给大
家带去更多的温暖，疗愈和爱的能量，希望大
家能够与我一起相信爱，勇敢爱，好好爱自己，
好好爱身边的人，希望在茫茫人海中，我能给
大家带来一丝光亮，一丝希望，我相信星星之
火可以燎原，我相信这个世界会更加充满爱，
人与人之间少一些猜忌，少一些怀疑，多一些
真心，多一些信任，多一些发自肺腑的心的交
流，有更多温柔的温暖的爱的传递，只要每个
人都去相信美好，慢慢的去践行，这个世界就

会是我们期待的样子。

当然我也绝对不是一个只说不做的人，我是我信念的绝对践行者，我是一名计算机专业的硕士研究生，毕业之后也是跟随着现实的脚步在百度等顶尖的互联网公司做了六年的大数据研发工程师，也就是女程序员，虽然这并不是我最喜欢的工作，但是凭借着我的努力，我也坚持做了六年，直白的讲对于打工族来说为了物质生活我选择了这份职业，虽然我不讨厌这份职业，它也给我带来了很多成就感、满足感，对于工薪阶层来说还算不错，但是我内心知道我只有努力，没有热情，从小就喜欢文艺的我一直喜欢唱歌喜欢文学，但在现实生活中我一直没敢尝试作为职业，总觉得离生活很遥远，但是在我三十岁的时候我毅然的选择了离职，选择了我最爱的艺术道路，重返校园学习唱作，致力于成为一名原创歌手，这两年是我人生中最开心最充实的时光，仿佛重获新生，像个孩子一样拥有无限的热情。

我喜欢文学读了很多作家的诗集，也从中获得了很多创作灵感，一点点积攒创作成了今天与大家见面的这本书《荼靡万籁生》，寓意是一切不美好的事物都该结束了，相信美好，一切美好的事物就都会到来，这也是我对自己未来的期许，它是我人生的第一本书，它就像一个时间标尺一样，记录着我自己内心成长的心理历程，我也希望大家能够通过我的作品体会到爱的美好，当然也有爱情里所有的复杂情绪，有所共勉，有所成长。

作品是以歌词与新诗相融合的思想来完成的，它们是新诗亦是歌词，我希望能够赋予给他们不同的生命形式，当然我也在慢慢给作品谱曲，陆续会有对应的歌曲作品与大家见面，但是因为歌的周期和需要打磨学习的东西还很多，我又迫不及待想与大家分享，所以就先以书的形式与大家见面了，当然如果有读者对于我的作品感兴趣，想一起合作制作歌曲我是非常欢迎的，当然歌曲的风格走向以及作曲我会有所甄别把控，陆续我也会尽快给作品作曲，因为以歌曲的形式传递给大家作品包含的艺术性会更强，情感更丰沛，表达更直接更深入，传播的途径更广泛，那么就请一起体验这场爱之旅吧。

在此我大胆的说一句，如果这本书会畅销，获得专业的认可，那么我就是最好的证明，那些还在犹豫不敢坦诚面对自己内心最真挚的渴望的人们，请跟随我一起勇敢的涅槃重生吧，做自己喜欢的事业，爱自己深爱的人，放飞梦想，心怀大爱迎接生活的一切美好。这也是我出版这本书最重要的意义，我希望有更多的人可以与我一起乘风破浪，涅槃重生。

书籍简介

《荼蘼万籁生》这本书是新诗和歌词的结合体，书中的每一首作品都即是新诗亦是歌词，寓意着相信美好的信念会让一切不美好的事物都结束，重获新生迎接无限的美好，这是作者对自己和所有读者的期许，希望这本书会给在爱中迷失的读者一丝光亮，一丝慰藉，能够让读者感受到些许温暖疗愈和在爱中重生的力量，重燃对生活的热忱和对梦想的追求。能够诚实面对内心真正的渴望，做真正的自己。以大爱的信念面对生活中的一切苦痛就会战胜生活重获新生，希望读者都能用最真的爱去体验自己想要的一切美好，因爱而爱，因热爱而燃烧生命，回归最本真的美好。

作者简介

王爽，1990 年出生于中国辽宁省沈阳市，毕业于沈阳建筑大学，是一名计算机专业的硕士研究生，毕业后在北京从事互联网大数据研发工程师的工作，在百度等顶尖的互联网公司做了六年的女程序员，在 2020 年辞退了计算机专业的相关工作，选择了重回校园学习声乐，在北京现代音乐研修学院进修两年，学习唱作专业，致力于成为一名原创歌手，因为对新诗和歌词都很感兴趣，所以就以将新诗和歌词相融合的形式进行了创作，陆续也会有对应的歌曲作品与大家见面。

目录

篇一

孤芳

缘

飞云流水　繁枝茂叶
静心凝神　以最纯粹 最本心 绵延岁月
以最温暖的怀抱　以最舒展的微笑　看山花遍野
不理纷扰　不恋虚荣　不贪富贵
倾听内心的声音 音通六感　六感皆通
以真情以挚爱驻留人间

20210310 初稿
20220329 修订

缘似清风

那些生命里匆匆走过的人
对我们到底有什么意义
有缘相识却淡薄的情谊
并没给我们留下多少印记

他们是我们遇见最多的人
在的时候如潺潺流水一般
不在的时候似一缕青烟
留给我们的是虚无和茫然

缘似清风
是映照自己的镜子
我们都该觉知和感恩
觉知他们散发给我们的光
感恩他们让我们看到了自己

缘似清风
是映照自己的镜子
我们都该觉知和感恩
觉知他们让我们学会自醒
感恩他们让我们从迷途中苏醒

20210318 初稿
20220329 修订

一个人的旅程

叶落秋塘 眉黛紧锁
月升日落 啼冷暖
风打梧桐 凤凰离枝
颜展颜泣 此循环

一个人的旅程
是静谧是沉寂
是战栗是狂喜
是修心是达己

自娱自乐
也好过盲目蹉跎
孤芳自赏
又一处细雨婀娜

20201014 初稿
20220329 修订

给孤独一束光

内心在不断叮咛
何时能停一停
给它片刻的安宁
别让心灵酩酊

可城市如此喧嚣
孤独无处落脚
宁静空气太稀少
不知如何是好

自由的空隙越来越小
内心的声音如何寻找
物质和欲望在疯狂咆哮
听不到一丝温热的心跳

寻找孤独之港
唤醒一个个沉睡的梦想
给孤独一束光
让内心告诉你想去的地方

寻找孤独之巷
吸取一页页灵魂的残香
给孤独一束光
照亮那微暗确坚定的远方

20210601 初稿
20220408 修订

封印美好

群山青碧春雨淅淅沥沥
花香四溢温润沁人心脾
不由屏息沉醉在校园里
将此刻的美好封存心底

湖边芦苇还是秋天痕迹
咖啡馆里藏着浓浓爱意
梦想像花一样秀美绮丽
精美的像一件青花瓷器

校园是个有魔力的天堂
有无限的畅想可以启航
洗净尘埃才能将灵魂安放
冉冉重生邂逅尼采的芬芳

20210326 初稿
20220331 修订

颜如玉姑娘

一个神圣古典　　　宁静内敛的姑娘
给人以快乐 以温暖　　以正义 以通透
以才气 以沉着　　　以秀美 以芬芳
她是智慧的月光宝盒　她是历史的过客
她穿梭于千千万万人的灵魂
带你时光旅行　　　了解你真正姓名
国家的兴衰　　　　艺术的启蒙
科技的发展　　　　灵魂的觉醒
瞻权贵争夺　　　　悟悲欢离合
望山河流转　　　　看世事变迁
她见过不同时段的你　你是她灵魂的万中之一
她是你人生的领航　你是他今生的实像
你中有我　　　　　我中有你
我慢慢的读懂你　　你慢慢的教会我
共同成长　　　　　互相见证

20210421 初稿　　　20220331 修订

无声的爱

烟云绵延　飞鸟旋低檐
雨落滴帘　逗留了时间
眷恋回念　朱霞的晚天
心在彼岸　不觉中放缓

桃之夭夭　将春光逗笑
和风轻挑　韵温柔词藻
微雨纤巧　点空灵韵脚
笔尖轻撩　谱空白诗稿

踏水飞燕　点丝连成线
向晚霓虹　晶璨挂满天
自然渲染　成最美牵连
无需语言　声声是爱恋

20210528 初稿
20220401 修订

留白

星海是夜空的留白
那若隐若现的繁星有看不见的希和望
那时圆时缺的皓月有看得见的凄和凉
那四分之一的月亮
是夜空的主旋律
因它是虚空的阀门

浮云是蓝天的留白
那淡淡渲染的幽蓝有看不见的容和纳
那潺潺腻软的纯白是看得见的洋和流
那炙热炫目的太阳
是天空的主旋律
因它是盈满的光辰

谁把寒冬装进月亮
在灵魂里放逐
任其坠落沉沦
以星为伴 以月为友
残缺的灵魂 感受着风的余温

赏一朵腊梅的盛开
尝一杯热牛奶的香甜
刚好的温暖
刚好的岁月
星光熠熠
我就是那夜空中最美的一处留白

20210423 初稿
20220331 修订

独览一夜芬芳

昨夜 细雨微熏
晨间雨露 挂满一树
樱花树下 落花满簇
何其有幸 独览一夜芬芳
甘甜醉人 如此倾心

微风起时
叶子跟随琴鸣的节奏

铺就一页页稿纸
写下一段段诗词

都是对你
无尽的相思

20210515 初稿
20220331 修订

14

沐风

小轩窗外 春风醒
音绕桑槐 寄闺心
柳巷院外 夏风鸣
音笊青苔 戏游鳞

竹门巷外 秋风凛
音雕霜白 落花吟
墙篱城外 冬风紧
音疗眉黛 泣青衿

20220402 初稿

篇二

被风吻伤的岁月

风车茉莉

燕打窗前闪过
啼鸣声迤逦
窗外风光旖旎
茉莉香清绮

不经意回眸的心意
在这最美的花期
是这风车茉莉
在祭奠你

20210525 初稿
20220401 修订

梦蝶

蝶儿被蜂儿欺负
寻茉莉把衷肠诉
翻着回忆的书
我的昔日在哭

绝爱如此凄美
难叫人不生悲
相思豆蔻解春秋
情结烟波梦里游

20210821 初稿
20220406 修订

被风吻伤的岁月

青春留给岁月　故事留给浊酒
晚风驻留清铃　雅乐驻留心间

我淡淡的吟　　你轻轻的唱
时光在游走　　美好在停留

曾经的羽翼被风吻伤
对她最爱的花说了谎
说好的一起岁月绵长
破碎的心拿什么补偿

曾经的羽翼被风吻伤
取一朵海棠祭奠过往
受了伤的并蒂是否无恙
将忧伤洗净共赏辰光

20210424 初稿　20220406 修订

如果可以忘记

苍山洱海 林荫古道
都记录着我们初识浅笑
水性杨花 篝火舞蹈
都封印着我们纯粹美好

情人崖 恶魔的眼泪
在巴厘的夕阳下背靠背
醉人风景 撒辛酸泪
脸颊上的笑没那么明媚

生活的全貌不皆是美妙
我愿意接纳你笨拙的讨好
可你给的爱远比我的少
用第三人称草草终了

诚挚的誓言还在前一秒
我字字钻心你却当做玩笑
剧情有毒我确是女一号
没人体谅你是否准备好

痛苦煎熬是我生活分秒
霸道拿捏你从来不打草稿
欠我的我会像生活讨要
因为我知道我值得更好

20210816 初稿
20220406 修订

寻真觅爱

漂浮在海上享惬意的 sunshine
坐滑翔伞看最美的海天一线
生活的美好懈怠了内心的觉察
爱你的心匮乏誓言仅限当下

人心如果透明看的清真心多难得
时间被无情蹉跎无奈人生几何
真心只有真意才配与之共同打磨
否则只是一厢情愿的飞蛾扑火

曾经的美好就像是脸上的朱砂痣
永远在你耳边提醒已是过去式
一切都回到原点像是被偷了时间
学会了将失败爱情的原罪看穿

每次的刻骨铭心都让人如此疲惫
但还是会甘愿再一次敞开心扉
浓情只有蜜意才配与之日夕相对
等我的 soulmate 共享落日余晖

在绚烂的花海中陪你疯陪你醉
夏日的蝉鸣声中聊生活琐碎
秋日的银杏林中看你笑的明媚
温暖的爱终将磨平内心的碎

成为最美好的自己是心中之最
用力爱绝不谄媚接受爱也绝不愚昧
你可知爱情里真心本就最贵

20210318 初稿
20220330 修订

射手

窗外夜已深 我在灯下
细数你的心 回忆着我们
微雨的清晨 一起漫步
薰衣草花田 不经意的吻

海边一起童真的画心
不是我们全部的剧本
朦胧飘渺轮转的月
阴晴圆缺从未停歇

东窗无事也生非
我们的爱发了霉

谁是唯一锥心的射手
在缺角的往事里浮游
听哀怨婉转的烟雨楼
从此消磨人比黄花瘦

谁是唯一锥心的射手
给了我誓言双手紧扣
如今却是星辰与故人
故事里我们不再相守

曾经恰若青石等待过你
在没有你的岁月里念你
就当做一场不灭的印记
记录我曾经深深爱过你

20210821 初稿
20220406 修订

懵懂的我们

当你的心敲开了我的窗
融化冰封已久的风霜
当幸福徜徉黯淡了时光
从未想过你中途离场

当你的船泊进别人的港
在离我极遥远的地方
当微风拂过日将落未落
你是否会偶尔想起我

这迟暮余晖稀薄
直将回忆蜕了壳
我对你仍是万般不舍

懵懂的我们独自遥望
找寻那极简极纯的馨芳
坚持那极微弱极静默的
梦和理想诗和远方

懵懂的我们几番逃避
最真的爱里炫最烂的技
没能相守的我们未必是
因为那些所谓分歧

我多希望你能来的及明白
你若是桑田我就是沧海
我多希望你能来的及明白
没有跨不过的山脉和阴霾

20210825 初稿
20220409 修订

蒙蒙雾

清风徐来 薄雾未开
生活里不是你画我猜
思绪在云雾间徘徊
你的心思我猜不来

烟雨蒙蒙 垂落山海
误会你从来都不踩
凉薄沁染雾霭阴霾
你从来不把话说开

石阶上布满青苔
心结越来越解不开
最后都怪是你不够爱

故事好似蒙蒙雾
挥别的我们带着错误
却不约而同走上相思路
独自看耐不住日落的薄暮

故事好似蒙蒙雾
曾经的我们爱的好苦
生命里有你是我的幸福
那些美好时光我们并未辜负

20211028 初稿

易碎画沙

每一段回忆都是一本
尘封在抽屉里的日记
含泪的点滴无声的啜泣
让人没有翻开的勇气

斑驳陆离的时光
直将回忆上了霜
雕成永不凋零的荷
送别曾经的过客

直面易碎的画沙
泪洒芳华
直面带泪的月华
咫尺天涯

20210826 初稿
20220406 修订

梦里残花

若世间所有苦等
我都已为你尝尽
你是否还会爱上
我这颗憔悴的心

请在回看我一眼
刻下那美丽笑靥
沉默中一别两宽
已无颜再续前缘

那不堪回首的过往
是含泪提起的忧伤
是不忍回望的凄凉
是仅此一次的悼忘

这故事太凄凉
我不想一唱再唱
将它封印在残花里
只取一缕清香深藏

这故事太惆怅
只一瞬肝肠尽伤
将它封印在时光里
几许韶华梦里遥望

20210819 初稿
20220406 修订

篇三

画中人·省思

原罪

沐浴在薄暮的斜阳里
公园里的人群渐渐离开
昨日踩着斜阳的七彩
向渐暗的广场肆意涌来

那贫乏却满盈的往昔
是我仅有的资产与富足
感情里每一步的踟蹰
每一次跌倒失误又反复

曾经的我爱
没有用你想要的方式爱你
是我最大的原罪
拿什么来证明我深深爱过你

曾经的我爱
过度的付出迷失了自己
是我最大的原罪
那样爱你的我并不后悔

曾经的我爱
你像一面镜子让我
学会好好爱自己

20210920 初稿
20220408 修订

思追与花飞

耳边传来的阵阵歌声里
诉说着我们的往昔
它骤然的敲打着我的心
曾经我们多么靠近

如今物是人非爱已成灰
只能在诗词里追悔
无奈佳人今夜迟迟不睡
镌刻着思追与花飞

时间如此将我们分隔
恰似一纸之对折
跟随我们人生的脉络
进入下一场烟波

相遇是一场厮磨
拼成我们人生的脉络
直致一纸之对折
命运就这样将我们分隔

在时光的谱写下
我们曾经的一瞬繁华
谁说不是一朵永恒不谢的花

20210930 初稿
20220409 修订

我以为的月光

荧幕里播放着巴厘的海岸
忆起那如兰的过往
我温柔的依偎在你的臂弯
半倚着沙滩和月光

剧情里男女主角太过单纯
沉溺旖旎风光的他们
以为爱情会一样意重情深
叹亭亭不懂爱的我们

曾经说过的爱你
早已被忘记的碎裂成泥
不过是匆匆走过
见证一场落花轻折空寂寞

我以为的月光并非华裳
祭奠未开即败的忧伤
岂不是荒唐
甘等那朵只为我而开的馥芳

我以为的月光并非华裳
那最深的爱还在徜徉
寻他的模样
那真挚的灵魂就停驻在不远处的他方

我不愿遥遥相望
一信起一念启
幽暗的对面就是爱的天堂

20210925 初稿
20220408 修订

记忆插图

我们都在爱情的路上跋涉
努力描摹出它最美的颜色
迷途的我们经历各种苦涩
撰写出自己独特的落与寞

藏在抽屉里的日记不忍翻读
都是回忆里深深浅浅的纹路
不懂爱的我们留下的美丽错误
组成了满满一本的记忆插图

记忆浓缩的插图里
我们不曾错过什么
该有的深刻和背叛
我们都曾努力扮演

记忆浓缩的插图里
我们不曾拥有什么
一切都似过往云烟
经不住任何爱的考验

痛苦让我清醒
爱惜自己不要自艾自怜
让心不在飘零
错过是为了更好地遇见

20210919 初稿
20220408 修订

画中人

在幕间里穿梭 熙熙攘攘的角色
是沉浸在谁的剧本里 残忍的过客
深深浅浅交织着的 喜怒哀乐
疲惫与焦灼 是他们的底色

与晨曦初见与晚霞惜别
盛大的表演在开始和结束间交叠
画中人被生活观摩鉴赏
体验着虚幻专属的明灭

在黑夜中寻找光点
用以支撑一生的信念
用以抵挡谎言和背叛
让生活有点血色不至于太黯淡

让初心燃起烈焰
保护它不被现实踏残
以爱之光点亮灯盏
为你而开之门皆是梦缘

20210528 初稿
20220402 修订

抒秋

窗外微雨过后云出岫
无端忧愁上心头
桌前铺案提笔纤纤手
欲倾此情诗中留

情丝在笔尖游走
情意在墨上残留
借石榴和宫柳展思惆
记录微忧微愁之晚秋

20210829 初稿
20220407 修订

线断一筝

寻得小径清幽
星伴月相思扣
觅百合甜香嗅
引回忆上心头

南来和风梨花雨
滴落梢头最温柔
油纸伞伊人翘首
载去了多少烦忧

无奈风雨落花红
爱恨随风已成空
只留线断一风筝

风筝飞了 留一线断了的过往
风雨停了 留一冷清了的街巷
露珠干了 留一凉透了的胸膛
百合谢了 留一夜无眠的忧伤

百合谢了 留一夜无眠的忧伤
露珠干了 留一凉透了的胸膛
风雨停了 留一冷清了的街巷
风筝飞了 留一线断了的过往

20211018 初稿
20220409 修订

若说秋来葬旧爱

每一次回顾
那山花满树
一簇又一簇
都历历在目

微风拂过花雨散落
含情一脉又一脉
不似现在的我们
内心干涸如荒漠

过往是一次又一次
练习的试错的素材
谱间的一音又一音
何时能交织成天籁

若说秋来葬旧爱
那曾经绝对温柔
也绝对锋利的伤害
每每都在夜里徘徊

若说秋来葬旧爱
祭奠曾经的山海
如今的我已看开
现在的我已释怀

若说秋来山花依旧盛开

20210901 初稿
20220408 修订

篇四

一念觉醒

幻

悲秋凝一滴雨　　锥我的心
蔷薇啜泣玫瑰　　触我的泪
沉静而又内敛　　生几多情
似鲸落弥留　　　仍不忍锁心门

一念生痴　　　　一念觉醒
杯盘交错　　　　往事随晚风
猜得出开始　　　猜不到结局

一念迷思　　　　一念恍然
弹指烟尘　　　　抹去灰痕
原是幻梦一场　　各自纷呈

20210517 初稿　　20220401 修订

晚天

粉紫揉蓝白于晚天
红日晕染镶嵌云边
茶香萦绕于杯盏间
一书一琴即可心安

年少的我们追着欢
雕琢曾经最美的颜
探寻内心最真的愿
悸动的情苦也甘甜

中年的我们踏遍了千山
尝遍人情冷暖的悲欢
给负荷的自己不断卸鞍
给流浪的风帆靠了岸

日将暮未暮的晚天
人生不必过分渲染
所成所就不必讶赞
多情不必一咏三叹

日将暮未暮的晚天
原是一场铿锵梦魇
只有爱会封印心间
生命的重量存于笺

20211019 初稿

秋意醉

廊上的风有些许慵懒
庭院里的秋色腻软
你在摇椅上望着海岸
看落红日影和晚天

闲来细听潺潺流水
渡一叶叶方舟落霞余辉
何其静谧让人沉醉
但求蔷薇与我日夕相对

20211030 初稿

木风为伴

七月的风轻贴着藤蔓
那样的腻那样的软
猫咪在窗边睡得慵懒
映衬着窗外的幽蓝

我打开窗轻嗅着馥芳
置身于恬淡的小园
将身心恣意融于自然
让人没了心思多眠

以木风为伴以繁花为裳
弯在摇篮里偷闲
此一刻的清闲抵得过
彼一世的车马簸颠

以木风为伴以繁花为裳
非童真亦非幻想
这本该是生活原有的模样
却不知在何时丢了光

20211104 初稿

夜半

花蕊里供养着寂静
睡梦里娇痴着钟情
虚幻里盛真实的境
入世返尘且等黎明

千里之外穿越分离
谱一曲天籁只为你
笙箫和鸣只等凤鸾
夜半曲终佳人不散

20210531 初稿
20220402 修订

梦在另一个时空

在微凉的清晨
极浅的梦中
总是重复梦见
朝露般你的面容

梦里山花烂漫
漫步在乡间
我们迎着晨曦
光影里都是爱意

绿树环绕溪水潺潺
是我们的院落暖间
壁炉油画毛毯碎花边
孩子们拨弄着琴弦

梦在另一个时空
境由心生物随念转
它是我们潜在的信念
让我们记得最初的愿

梦在另一个时空
境由心生物随念转
它让我们看清什么才是虚幻
最珍贵的不过是你的笑颜

20210830 初稿
20220407 修订

契约

叩响动人的心弦
在自由辽阔的海天
沉沦中忘了时间
在灵魂觉醒之前

日与月有过心悸
山与水有过回忆
轮回中我们许下相守的契约
现实中我们何时能寻得自己

20210604 初稿
20220407 修订

篇五

为你自愿流放

华灯

寒风冽着 已秋了
秋得很久很久
一株梦花 生长着
慢慢落地生根发芽
秋夜加快了追赶秋晨的脚步
我浇灌着 炙热的
迫切想要开花的它

月光流着 已暮了
暮得很深很深
前方的路 明亮了
不再是朦胧的雨季
残月加快了追赶满月的脚步
我编织着 欲飞的
梦想的左翼与右翼

一幅幅秋意的黄洒满眼底
一片片恣意的绿缀满心底
风沙细腻了梦想
热爱治愈了怅惘

炽阳是晨曦的华灯
草木沐浴光与爱生长着
你是我的华灯
我沐浴着信和念奔跑着

冷月是夜晚的华灯
繁星追逐着天狗划落着
你是我的华灯
我追逐你的脚步绽放着

你是我的华灯日夜照亮着

20211112 初稿

寻你

什么时候爱上了你
仿佛是长久的寻觅
在灵魂的蓝图中寻你
以精神的力量呼唤你

茫茫人海你在哪里
风雨里都有伊的气息
在漫山的芳草里寻你
你的呼就是我的吸

在微风徐徐的窗前想你
在炙热沉闷的夜里想你
在昏黄静寂的灯下想你
写一首诗将相思寄给你

对你的爱是生了根的欢喜
仿佛相识了几多个世纪
不理世俗的凡规与叛逆
甘愿一往无前的奔向你

对你的爱是生了根的欢喜
我如何才能走进你心里
在你的臂弯里浅笑相依
只有死亡能将我们分离

想和你一起
将前世的记忆唤起
爱你的心从未稍离

想和你一起
经历心悸或是狂喜
幸福的每个朝夕

20210604 初稿
20220407 修订

自愿流放

想要将玫瑰花隐藏
却被它浓情火焰燃裂胸膛
石榴在茶几上觅唇之芬芳
就这样遥望你静谧的脸庞

路上行人熙熙攘攘
面带笑意捉不住半点忧伤
谁不是画中人被生活欣赏
可为何只有我相思断了肠

看着那古色传承的壁画
我似那孤女反弹着琵琶
声声入耳皆是侬侬情话
你可知我心里再无其他

人人都说这只是我的妄想
可我偏不信这命运的无常
在有你的世界里自愿流放
永远为你打开我心之橱窗

20210811 初稿

谁人让我锁花魂

茉莉香 你回眸
邂逅在 淅雨后
轻轻柔柔 似醉了酒

苦南国相思意的我
是静谧绮丽的一朵
那些你错过的日夜
独自守那轮皎洁月

花间精灵在耳语
月老又牵一双人
无奈芳心已暗许
谁人让我锁花魂

鹊桥满缀紫薰衣
为你紧锁芳心门
巴山悉听连夜雨
是你让我安了神

20210820 初稿
20220406 修订

红砖爱上鹅卵

山的那边
是长城的冷峻蜿蜒
海的这边
是星河般波光点点

跨越山海
红砖遇见了鹅卵
渡过忘川
是我梦里的彼岸

世世代代时光荏苒
缝隙间生长着信念
红砖的灵魂对视鹅卵
我们的记忆世代相传

我这般庄严
你那般收敛
红砖爱上了鹅卵
共同谱写神谕的诗篇

我这般分明
你那般纯净
红砖爱上了鹅卵
共同见证光爱的华年

彼此呼唤的灵魂
从此完整的合一
共同流传爱的涟漪

20210729 原稿
20210831 修改

你来何迟

时光盘旋在我指尖
在灯下注记悲欢
将寻爱的诗集出版
等逃犯我爱归案

曾经一人走过的路
都是心酸的花路
时光卷轴里凝固的
是我残留的苦楚

我爱 你来何迟
心悦君兮君不知
你还要我怎么宣誓
追溯回楔形文字

我爱 你来何迟
心悦君兮君不知
我等的你恰若青石
只盼你如期而至

20211002 初稿
20220408 修订

篇六

只为你而作的歌

荷之歌

将我爱的名字刻进一朵荷
一片花瓣刻印我爱的一婀
一颗莲子刻印我爱的一娜
就这样慢慢浓缩成一首歌

将我爱的名字刻进一朵荷
暮色里的我不在暗自沉默
把所有想你的芳心连成河
把所有念你的爱河谱成歌

将我爱的名字刻进一朵荷
用信念和不懈坚持来雕刻
在黎明破晓前的暗黑夜里
我该用哪一个音符来唱和

将我爱的名字刻进一朵荷
用真心来雕 用努力一搏
成就闪耀的自己来刻
用一首又一首谱你的歌

20210921 初稿
20220408 修订

有所思在荷田

听一曲亘古绵长的小调
映内心的空乏与寂寥
像一只被困的飞鸟
被世俗烦扰

多想和你在荷田里写生
陪你在麦田里追风
将你的身影入画
留芳心永恒

有所思在荷田
天空里的蓝尚未满
有所思在荷田
亚特兰蒂斯在呼喊

有所思在荷田
甘愿化身一抹青碧
将爱融进几朵青绮
播撒于无限轮转的四季

有所思在荷田
让光铸出梦的侧颜
让爱重塑真情冷暖
跨越所有苍茫冰冷的石巷

20210604 初稿
20211009 修订

你若

残秋泛舟在黄昏后
点点杨花顺水流
停桨卧舟把残香嗅
痛饮一杯相思酒

我心想你在离别后
天边五彩云积厚
起笔落墨封一闲愁
落寞芙蓉空等候

千百世 轮回里
你是否 会想起 三生石
我们刻下的名字
曾经的山盟海誓

你若想起　请饮我
一如杨花吮饮江潮
一朵是一朵的婀娜
一浪是一浪的柔波

你若钟情　请悦我
一如柔娟轻吻丹青
一笔是一笔的浓墨
一色是一色的巧夺

20210826 初稿
20211013 修订

想你在今夕何夕

日复一日今夕是何夕
汗水沁透了你的衣襟
让我做你心中的茉莉
用炙热的芳菲芬芳着你

日复一日今夕是何夕
将相思吟成温柔小诗
将书签定格在这页里
最后一句是我好想你

20220207 初稿
20220410 修订

攒够多少思念

漫漫长夜悉听风雨声
夜已深睡意全无半点
反复搜索你的照片
才能轻解对你的思念

暗恋是一场壮烈的心甘
你甚至不知道我的辛酸
努力成为更好的自己
只为有一天与你比肩

日升月落要走过
多少个苦涩的夜晚
攒够多少思念
才能换你一句你好初见

春秋冬夏要走过
多少个四季的轮转
攒够多少思念
才能与你携手相知相恋

20211212 初稿

别让爱搁浅

在每个宁静慵懒的黄昏里
在你的怀里小憩
你偷偷在我额头亲吻
在发间饰上清晨刚开的并蒂

在每个忙碌了一天的夕暮下
有你有霞有吉他
风中是你温柔的情话
原来爱并不遥远在寻常人家

雨打黄昏 别让爱搁浅
哭了笑了 有你悉心陪伴
十里香樟 爱原本很简单
累了倦了 有你共同分担

雨打黄昏 别让爱搁浅
绝了弃了 将幸福拒之门外
东风不来 认定爱情是苦差
自己给自己设阴霾 何苦来

将心打开 幸福会来
坚定信念 境才会开

20211213 初稿

冬日绽放的莲

时光荏苒镶嵌日影蓝天
木风为伴是不眠的信念
坐看红砖下的晚霞云卷
奥运火种早已在心中点燃

冬奥健儿奋起挑战极限
夜空中依旧飞舞着霓裳
为争国之芬芳挥汗赛场
记录着每一次的重生涅槃

角之以速度绽之以艺术
轻盈的身姿在冰上起舞
回转的身躯在雪山竞速
巾帼与须眉绽不同芳馥

以霜花为伴以冰雪为裳
寒冷的青山炙热的胸膛
琴韵檐滴断续九曲回肠
国歌徐徐奏响冷泪盈眶

振奋的观众为他们呐喊
艺术的雕花在肆意蔓延
绽放的每一朵都是信念
展示着各国人民的梦缘

20220209 初稿

ps: 致敬 2022 北京冬奥会 献词

篇七

静观

再回顾虽已中途

年少时追过民谣梦过古堡
不知道什么是生活全貌
努力张着所有敏感的触角
欢愉着生活的每分每秒

而立时努力朝着霓虹停靠
不知道热情才是那锁钥
鲜活的心被死寂蔓延撕咬
消耗着初心的每分每秒

再回顾虽已是人生中途
斑驳迷途是过往旧地图
独自与四季的薄暮对诉
我依然不会对生活屈服

再回顾虽已是人生中途
自由选择跟随心的追逐
以真情以诚挚的心感触
幸福的幽谷就在不远处

乱云催不毁我的热忱
万象遮不住我的心神
灵魂觉醒是初心犹存
琴韵何忧沁不进晚云

20220208 初稿

静观

微风在人群里徜徉
裹着花香拂过脸庞
似有花瓣开满双肩
朦胧似雾淡泊如岚

多像是生命的过客
前世缘分淡漠稀薄
没能成为彼此枷锁
何尝不是一种解脱

风轻云淡日影镶嵌蓝天
姻缘积卷你一半我一半
芳菲无感心之窗扉紧掩
双人起舞却似孤灯两盏

我们都是浮萍一尘不染
可生活一行春秋一道坎
那是因为灵魂也会呼喊
想引领你走向对的彼岸

20210813 初稿
20220406 修订

渐渐

生命赐予我的时间
我已将它剪的很短
生命赐予我的风沙
我已将它轻轻放下

生命赐予我的书本
已慢慢堆满整间书廊
数十年后只闻得书香
却早已不能一目十行

生命赐予我的双手
拿过纸笔也当过厨娘
抵挡过昔日多少风浪
却抵挡不住飞逝的时光

渐渐
我已跑不过时间
山花初放繁星满天
黄粱一梦
曾经过往都如云烟

渐渐
人生若只如初见
却早已回不去从前
光阴似箭
勿让人生薄淡清浅

被风沙消残的落花
要有勇气将生活谱成童话
而非一只惊鸦
迟迟不肯归家

20210609 原稿
20220408 修订

话别离

原以为我们
是就算不联系也有着默契
原以为我们
是经得起时间推敲的故里

却不知在每个黄昏里
暗自凋零的那几朵茉莉
散发着余香淡淡的忧伤
一如我们的情意渐渐疏离

像窗外偷偷下起的雨
暗示着注定的结局
看着你默默的远去
我的心似将谢的雏菊

虽然没有不散的宴席
可我从未有过怀疑
我以为我们从未稍离
却不知你何时缺了席

在沉默的夜里
我不想为此哭泣
因为你永远在回忆里
有着不可磨灭的痕迹

20210823 初稿

ps：祭奠慢慢流失的友情，在人生
轨迹里，有些朋友与我们的人生轨
迹逐渐分离，思想和物理距离都渐
行渐远，生活慢慢没有了交集，但
曾经的我们心贴心，现在的我们也
并未疏离，因为爱一直都在，请珍
惜每一个真心爱过自己的朋友。

琥珀

电影里一身孑然的白发老人
在落日时分的桌前翻阅从前
回忆从潺潺昨天到三万光年
灵魂重量都浓缩进记忆杯盏

穿梭在人生的每一个岔路口
时光的卷轴缓缓播放着曾经
影片里所有的结局都已写好
故事里所有的泪水都已启程

过往都封存于琥珀
只有爱经得起时间打磨
每一帧的悲欢离合
浓缩的都是不同颜色

过往都封存于琥珀
淬炼除了爱留不下任何
物质都是虚空心魔
灵魂早已干涸泪眼婆娑

20210920 初稿
20220409 修订

要怎样你才肯相信

窗外飞过一片暖金色银杏林
那飘零的景象颤动了我的心
随风飘落的银叶似一种残缺
包罗了这一生所有分明细节

风吹落叶叹离别轻轻耳鬓说
这一生就这样被你无知蹉跎
它告诉我世间种种皆为虚空
只有爱能穿越时空留守苍穹

要怎样你才肯相信
你的灵魂已一无所有
为那荒诞的物质奔走
为那荒谬的欲望浪流

要怎样你才肯相信
你早已不知爱的来处
你早已忘却爱的归途
只剩眼底空洞的麻木

可我的人生还未谢暮
依旧可以慢慢找寻那
内心真正想走的花路
靠近灵魂真正的归途

20210921 初稿
20220408 修订

人生奏鸣曲

城市如此喧嚣明媚让人醉
烟花巷柳却爬不进我心扉
面对四面围困的残碑堡垒
真正与世无争是奋力突围

寡欲清心淡薄名利与瞩目
不过是几度沉浮体无完肤
将那物欲享乐轻拿轻放下
才能舒心安乐品一杯清茶

生活处处推新 美轮美奂的精致
何其艺术之美 不叫人垂涎三尺
时间精灵滴答行走 索要光阴
何不找寻内在之美 通达精神

在人生的奏鸣曲中 孤独的演奏者
在黑暗的狂想曲中 不断的沉沦着
紧凑的节奏好似命运的枷锁
无情的敲打着我无边的蹉跎

在人生的奏鸣曲中 孤独的演奏者
在黑暗的狂想曲中 不断的沉沦着
内在的自我告诉我 莫失莫望
现实的城墙不过是 一场虚妄

每一个音符谱写的都是自己
每一段乐章创造的都是奇迹
每一个初心都应该珍惜砥砺
每一个信念都应该坚定不移

20210821 初稿
20220406 修订

我最挂念

道别时轻薄细雨敲打着临行的车窗
挥手的父母也在努力将这惆怅隐藏
暮色苍茫定格不了疾如飞矢的时光
即使桐花初放也难解我的绵绵忧伤

人生就是一个竞技场可琼音不响
我的力量还不足以兼顾鱼和熊掌
追梦的路上焦灼的胸膛不断回望
愧疚的心让我不敢看父母的脸庞

下定决心一定要尽快将信念绽放
拿下只属于我的高光荣耀和战场
风柔日暖雁过江南　年年复年年
不想再经历九曲回肠相思十四行

20210320 初稿
20220331 修订

心安

在时光的长河里
肉体和灵魂的博弈
从未停歇
在故土思异乡
在异乡思故土
即使重回本源
灵魂依旧无处安放

忍不了日日夜夜
孤寂的徘徊
寻求一切
带给我们安全感的归处
停止一切
不安恐惧慌乱的找寻吧

看那嫩芽破土而出
坚韧的样子
看那花儿恣意绽放
绚烂的样子

我们又该拿什么姿态
面对自己人生的课题
我们该为生命喝彩
珍惜每分每秒的舞台

热爱破晓时分的余晖渐起
让我们的心自由呼吸
白天更加清醒
夜晚更加安宁

向内自省一切匮乏的根源
人自在 心自安

20210515 初稿
20220331 修订

再见

在生命的最初始
就注定会得到你的爱
那样温暖祥和
流淌在我的血脉里
像清澈的泉水温暖惬意

在你怀里听故事
在你的宠爱里撒欢
陪你去教堂
唱阿利路亚伊甸园
是我儿时最开心的时光

在爱的时光里
我长大了 你却老了
甚至没察觉
你不断重复的话语
思维不再灵敏 步伐不再轻巧

生活在小小寂寞的城
渐渐习惯没有你的叮咛
我的爱埋藏心底慢慢尘封
从未给过你更多爱的佐证

有一天你病了
再也听不见了
直到最后都没能听我说一句
谢谢你 我爱你

20210421 初稿
20220331 修订

住着老灵魂的婴孩

光无意间投在
一个婴孩的脸上
那影子是一个老者 在坠落之前
承受强烈的不舍最后飘落

影子没有实体
以镜子完成映射
它是时光音轨里 短短一抹擦音
但它的意念和灵魂永存

它继续前行
沉静缄默的等待
下一次的展翅
梦结束 梦开始

在循环中不断起誓

迎接一道光

打开一扇门

聆听一梵音

挥洒一世爱

追逐一梦

奋力一生

20210516 初稿

肉桂色笑容

身体上最深的桎梏　灵魂上最深的觉醒
多么极端的交融　多么神奇的创造
灵魂何其睿智　体验这般极致
灵魂这般孤勇　与万物相交融

我们有何脸面抑郁　我们有何理由颓废
他是最好的良药　最亮的指路明灯
勇敢面对孤独　恣意面对生活
不迎合不讨好　不高傲不自卑

何其通达释然　面对一切苦痛
独自向内探索　寻求本真本源

学习他堪破世事的洞见
靠近他身心合一的心灵

努力向神靠近
每个人都是上帝的宠儿
存在即有意义
时刻绽放
即使是肉桂色的笑容

20210522 初稿
20220401 修订

爱自己

年少青涩懵懂时
活在晦涩的数理化里
秉持着好好学习的道理
活在世俗的优秀里

不了解真正的自己
乖乖收起所有叛逆
只沉浸在现实的迷雾里
慢慢沉沦丢了自己

随着时间的流逝
内心的声音在抵制
莫名的再也无法压制
明白时人生已欲速反迟

从此身心合一
好好爱自己
不负初心不负光阴
在正确的路上必有回音

20210517 初稿
20220331 修订

我是谁

漫天飞沙正凄凄
连天芳草正离离
寄一封信解相思意
举一杯残酒道别离

人生无常曲折离奇
直叫人难断难舍离
这场游戏太过真实
直叫人分不清虚实

我们都已忘了自己
却又一路苦苦寻觅
鸟儿都知它的去向
那我呢

没有人能真正沉睡
问问自己我是谁
时光如水耐不住浪费
莫做木偶自我麻醉

戏文是演一场破碎
问问自己我是谁
并非演员没什么所谓
而是在历练无惧无畏

做一朵耐嗅的蔷薇
而非墓园里无字的残碑

20210609 初稿
20210831 修订

篇八

浮生若梦

传说

传说
宇宙是个透明的花瓶
里面生活着许多精灵
你的梦是花我的想是叶
构成了瓶中的世界

传说
虹桥是你栽种的菀蔓
星河是我散落的花瓣
滋养它们的是山泉溪涧
灌溉他们的是信念

我们并比着出云
争抢着造梦
一念不动见道虚无
心念一动万象成

一念万物生　一念尘埃落
一念人生苦　一念逍遥过

传说
瓶是我们生活的家园
灵是我们身心的起源
我们共同在一起造梦
创造自己的伊甸园

20211030 初稿

游戏玩家

造物主创造了这场游戏
玩家的我们如此渺小
这大千世界虚幻而美好
潜在规则有几人知晓

游戏不限时空有始无终
玩家的我们忘了初衷
这时空轮转无休也无止
沉沦中的我们谁人知

沉睡中的我们 醒来吧
问问自己的内心
什么能使我真正快乐
风云可以是另一番颜色

沉睡中的我们 醒来吧
问问自己的灵魂
看清什么是真正的迷雾
静心何尝不是一种自我救赎

20220118 初稿

浮生若梦

遇见花开花落 曾经的我
跟熟悉的陌生人谈着昨天
在曾经的时光里辗转
体味着过往的悲欢

同样的家乡 不一样的月亮
同样的过往 全然没了忧伤
一切都是最好的擦肩和遇见
信念能点亮黑夜闪耀晚天

浮生若梦 大梦初醒
世俗的眼光如此沉重
寥寥苍穹 错位时空
阳光与你都不是观众

浮生若梦 婉若惊鸿
追梦的初心不必惶恐
打开心扉 认真相拥
就是圆自己最美的梦

20210423 初稿
20220331 修订

生命需奔赴

一念湮灭　一念觉醒
如若害怕　雨打风霜
必自封自闭
怯懦无助　自我厌弃
如若迎接　风霜雨打
必心生光明
勇敢迎接　生活的施压

人生且长且短
人人都需奔赴

让空乏的生活仍有血色
让真挚的情感充盈内心
让灵魂自由呼吸安然前行
让真爱解锁三生石的情痴

以一朵忍冬花
刻下亲情的箴言
寓意把所有的爱都奉献的浓浓亲情

以一朵山野玫瑰
刻下爱情的誓言
寓意浪漫美好直击心灵的灵魂伴侣

以一朵莲花
刻下友情的祷文
寓意所有同频的灵魂
都能纯白高洁又相互依偎

这样才不妄此生
经得世事的圆满
求得灵魂的历练

20210729 原稿
20220407 修订

篇九

归一

光与爱

冷风摇晃着枯树残桠
落叶下又萌生出新芽
老人望将暮未暮的残霞
听婴孩啼哭于暮霭人家

生命本是繁花微姹
谁人落花不成泥沙
生活原本是一壶甜茶
奈何我们错加了苦咖

光与爱在风云中浮游
给我们新生和自由
本应是菩提一展芳秀
而非方舟一叶漂流

光与爱在雪雨中浮游
擦亮眼敞开心感受
迷失的路途请昂首
日与月就照在当头

20220117 初稿

天外之籁

梵音于青天
鲛音于碧海
凤凰展翅冲天一飞
红鳞摆尾龙门一跃

灵动于天梯
轻跃于浪尖
天使落花于飘渺地
鲛女垂泪于浩瀚海

本该惬意与自由的灵魂
在这虚幻空乏的世间里
是谁执着把游戏当了真
是谁放弃了原始的本真

本该求索与探寻的灵魂
在这纷繁喧嚣的世界里
是谁无知无觉忘了自己
是谁将自己的灵魂封存

你中有我我中有你
万籁存于每个人心底
你听 你听 你听 内心的声音
我与你一直在一起

20211122 初稿
20220107 修订

只等你不染尘埃

生活本该是美好而轻柔 你也是
静谧的山野 酝着光酿着爱
眺望山丘待放的是你的清幽
陌上只等一朵花开不染尘埃

20220129 初稿

归一

风停日落雁归栖
夜静月升角音起
闹市笑靥皆假意
万家灯火无所依

初心图蓝皆可弃
虚空望欲焚心急
淡漠绝情无所泣
再无一物澜波起

奔忙躁烦陀螺系
不闻宙宇不思己
小我大我分两极
不知何时方归一

夜央几时星天移
光爱覆洒缥缈地
归真返璞出凡泥
一念可花开四季

20211119 初稿

荼蘼万籁生

我是一粒种子随风飘零
在未知的迷途里流浪嘶鸣
这世界已不是山花烂漫
山间早已无清泉鸾鸟多情

我是山间夕颜恣意凭阑
在自己的世界里绘制图蓝
这世界已不是风柔日暖
山间早已无桉树绿荫绕环

晨露中蕴藏着我的苦泪
星河间镶嵌着我的思追
无人来欣赏这日落花飞
渴望和爱在暮色中成灰

这种子吸收光与爱的精华
向阳而生在大地间生根发芽
风雨中苏醒成长为心中模样
静待春雨掠过绽放遍野繁花

这夕颜看欲望与贪念蔓延
心在幽暗中慵懒窗扉紧掩
内心深处满是残花孤独之感
谎骗与欺瞒似孤灯每一盏

这生活所有人欲望交织的幻象
它原可以是清风徐来爱意满怀
一切的甘苦皆因自己起心动念

一念万恶起　　一念万籁生
相信美好　是我们最大的胜算

20220128 初稿
20220303 修订

附
记

涅
槃
重
生

涅槃重生

　　人生路漫漫其修远兮，也许我们在成长、努力前行的路上，逐渐发觉自己走错了路，在回顾也许已然过了中途，但是我们依然抱有对生活浓浓的热情，想要重获新生，这才是生活该有的态度，三十而立，立的是精神的力量，立的是要有抵抗生活任何苦痛的决心，立的是不管如何艰难都有从头再来的勇气，不惧任何风雨，正视任何望欲，不再向生活屈服。

　　任何人都是宇宙间唯一的存在，足够自由，有无限的选择，每个人内心都有自己最美的蓝图，不要惧怕改变，慢慢靠近它，相信你能够拥有你想要的生活，懂得人生三分是天意早有安排，七分是信念决定成败，未来和现在都掌握在自己手中。

　　学会爱自己，遵从本心，是爱自己的表现，做不喜欢的事，爱不爱自己的人，是不爱自己的表现，心存善念，种善因，得善果，种恶因，得恶报，能量守恒，该得的一分都不会少。

学会爱他人，体验真挚的亲情，爱情，友情，做自己喜欢的事，挥洒热情和汗水于自己热爱的事业，遵从本心奋力前行，就是最好的修行。

荼蘼花的花语是重生，寓意着让一切不美好的事物都结束，重获新生迎接美好，荼蘼万籁生是我对所有人都能告别不美好，迎接美好的期许，愿所有迷途的人都能涅槃重生，迎接无限的光与爱。

www.ingramcontent.com/pod-product-compliance
Lightning Source LLC
Chambersburg PA
CBHW071148120626
46546CB00006B/2174